EASY PIANO
TOP COUNTRY HITS

ISBN 978-1-4950-7334-2

7777 W. BLUEMOUND RD. P.O. BOX 13819 MILWAUKEE, WI 53213

Visit Hal Leonard Online at
www.halleonard.com

BISCUITS

Words and Music by KACEY MUSGRAVES,
SHANE McANALLY and BRANDY CLARK

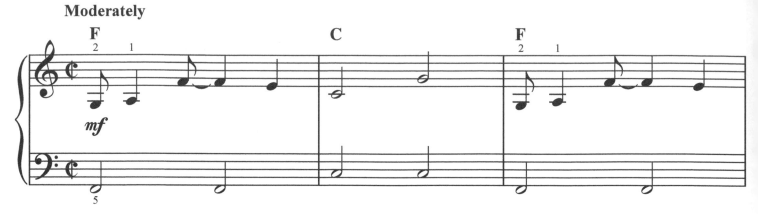

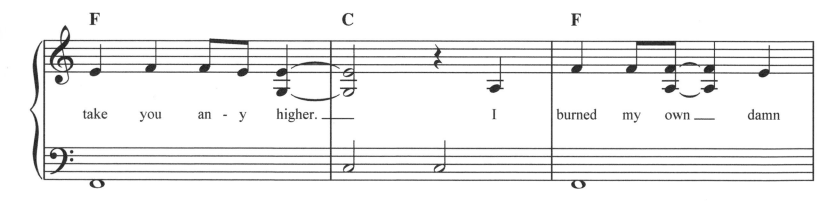

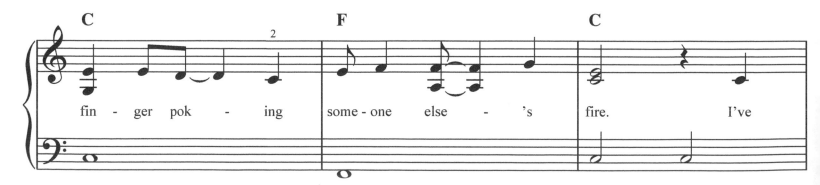

3

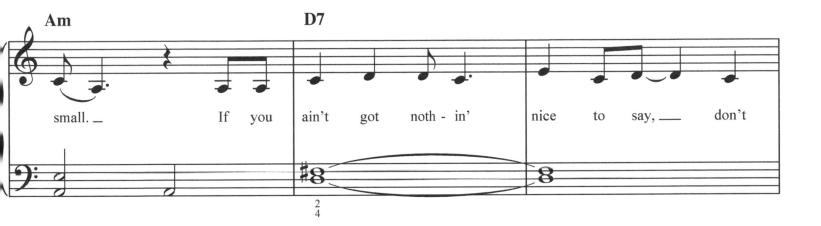

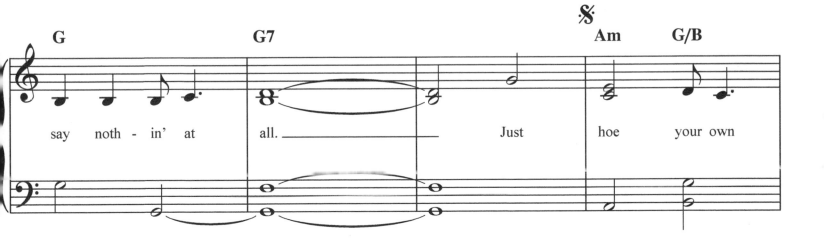

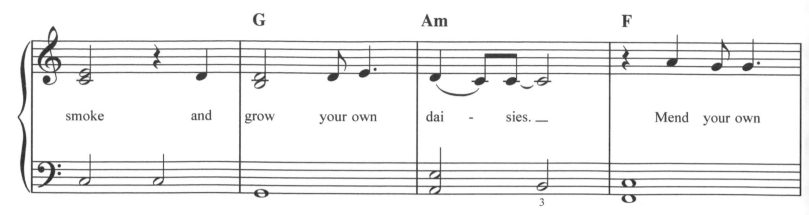

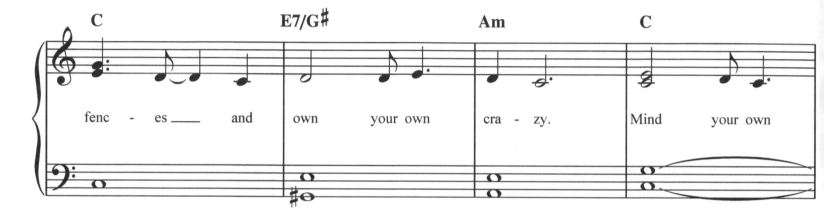

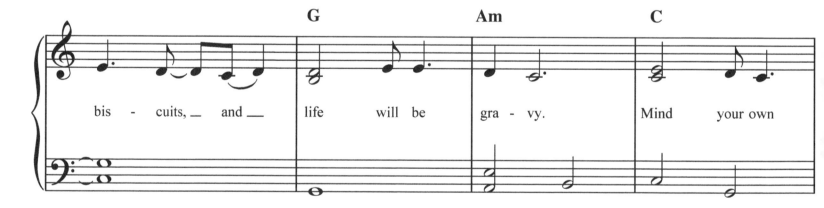

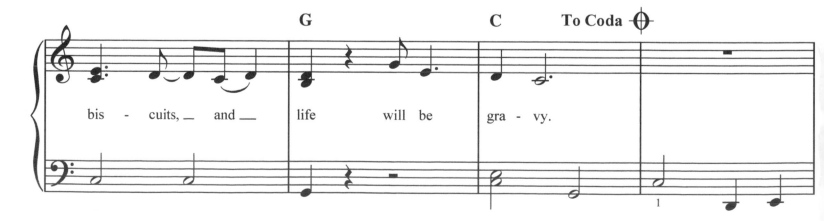

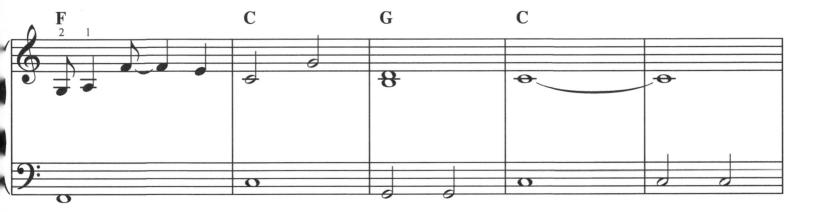

No - bod - y's   per - fect; we've all   lost,   and   we've all   lied.

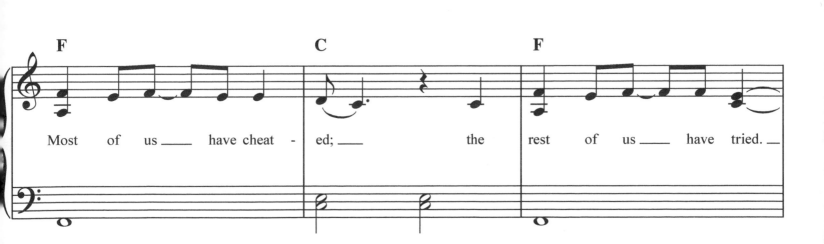

Most   of   us —— have cheat - ed; ——   the   rest   of   us —— have tried. ——

The ho - li - est of ho - lies e - ven

slip from time __ to time. __ We've all got dirt - y laun -

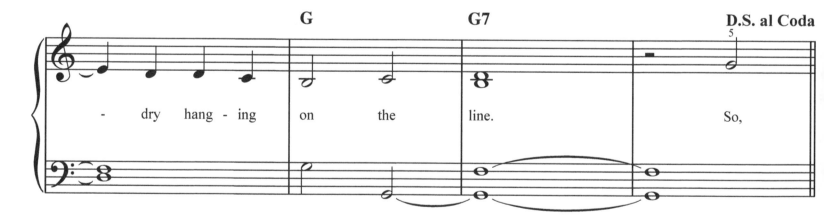

- dry hang - ing on the line. So,

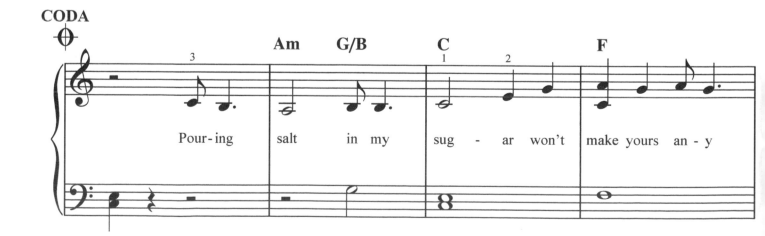

Pour-ing salt in my sug - ar won't make yours an - y

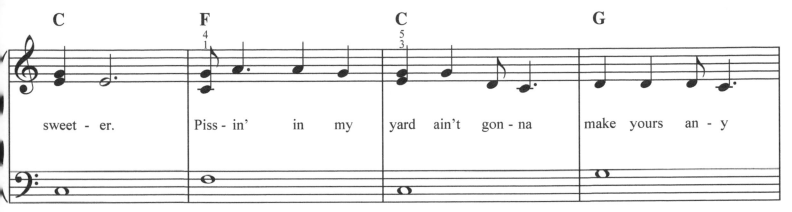

sweet - er. Piss - in' in my yard ain't gon - na make yours an - y

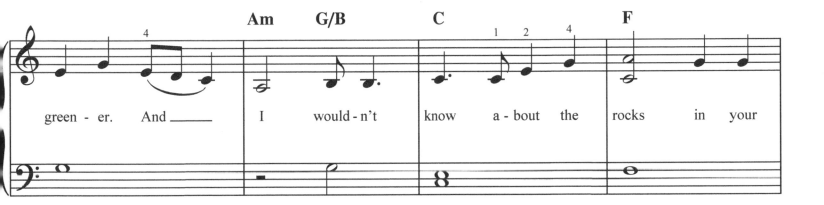

green - er. And _____ I would - n't know a - bout the rocks in your

shoes. So I'll just do me, and hon - ey, _ you can just _ do

you. ____

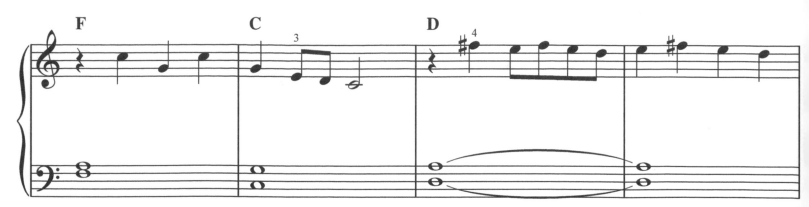

So, hoe your own row and

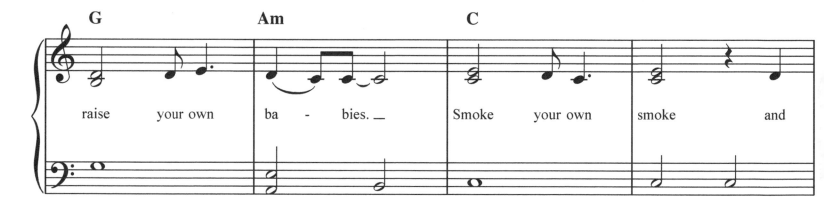

raise your own ba - bies. __ Smoke your own smoke and

grow your own dai - sies. __ Mend your own fenc - es __ and

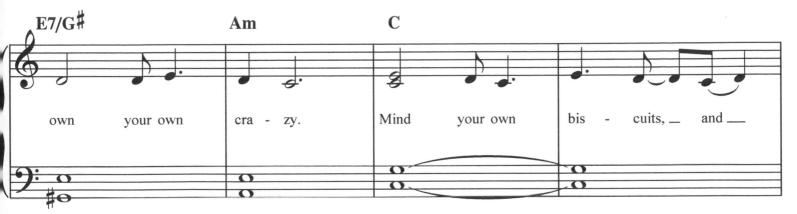

own   your own   cra - zy.   Mind   your own   bis - cuits, __ and __

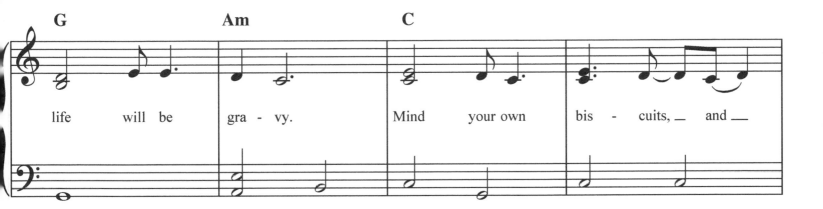

life   will be   gra - vy.   Mind   your own   bis - cuits, __ and __

life   will be   gra - vy.

BURNING HOUSE

Words and Music by JEFF BHASKER,
TYLER SAM JOHNSON and CAMARON OCHS

Moderately fast

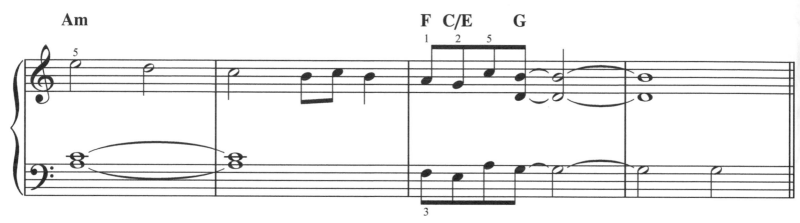

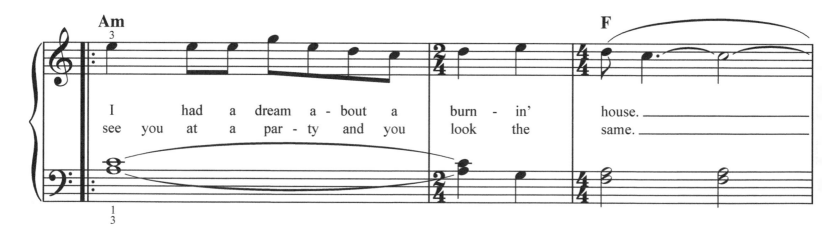

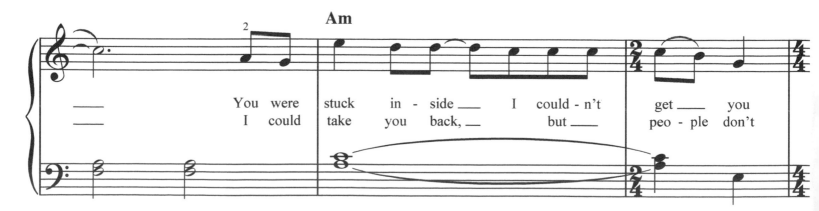

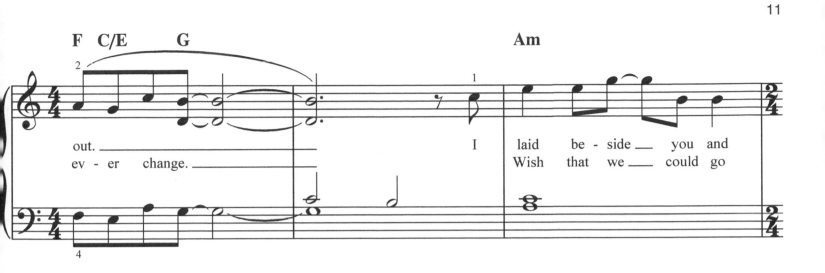

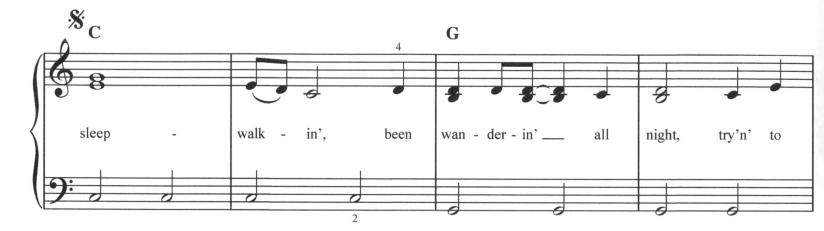

Am

fire. But it's the on - ly place __ that I can hold __ you tight

C/E   F

To Coda ⊕ | 1.
Am   G

in this burn - in' house. __ I

mp

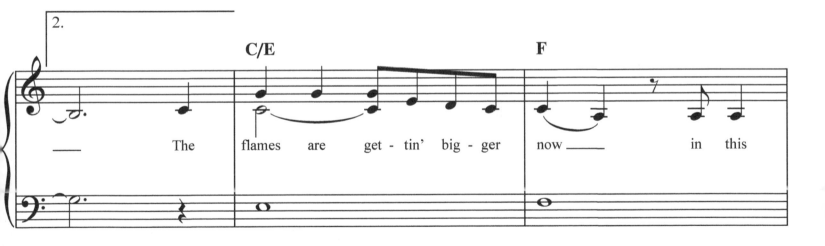

2.

C/E   F

__ The flames are get - tin' big - ger now __ in this

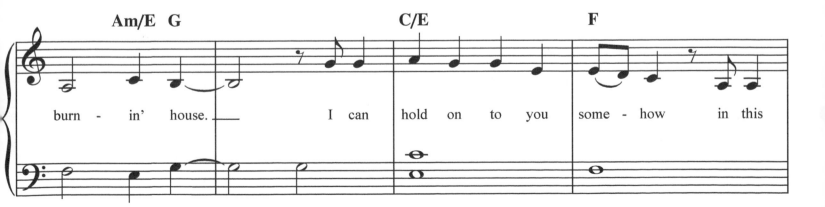

Am/E G   C/E   F

burn - in' house. __ I can hold on to you some - how in this

burn - in' house. ___ Oh, and I don't wan - na

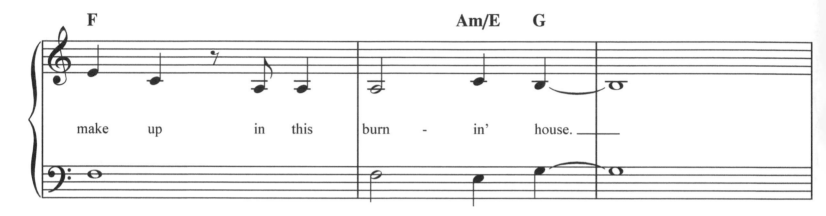

make up in this burn - in' house. ___

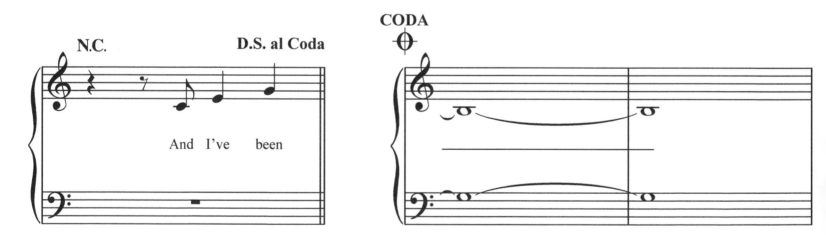

And I've been

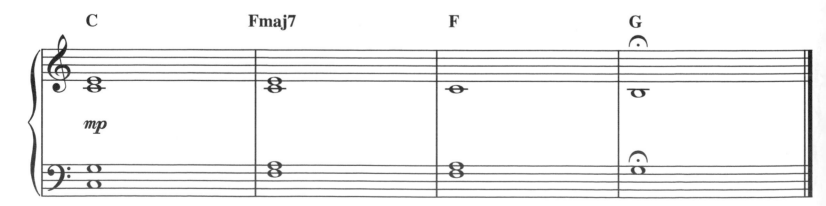

mp

DIE A HAPPY MAN

Words and Music by THOMAS RHETT,
JOE SPARGUR and SEAN DOUGLAS

Moderately slow

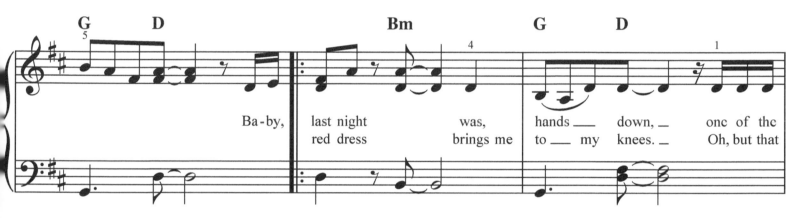

Ba-by, last night was, hands __ down, __ one of the
red dress brings me to __ my knees. __ Oh, but that

best nights that I've had, no doubt, __ be-tween the
black dress makes it hard to breathe. __ You're a

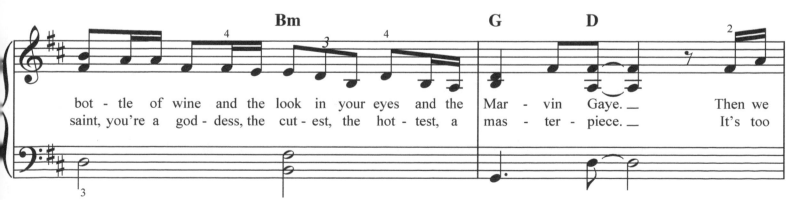

bot - tle of wine and the look in your eyes and the Mar - vin Gaye. __ Then we
saint, you're a god - dess, the cut - est, the hot - test, a mas - ter - piece. __ It's too

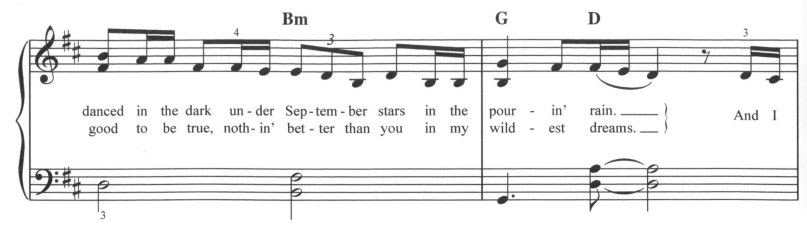

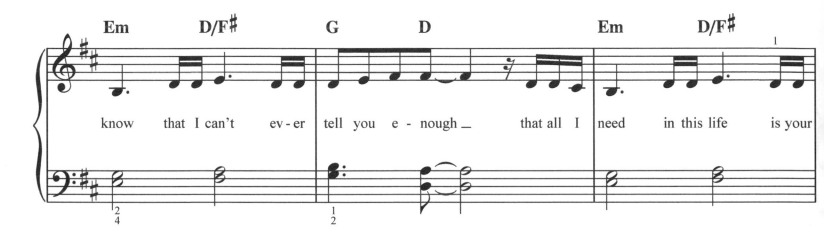

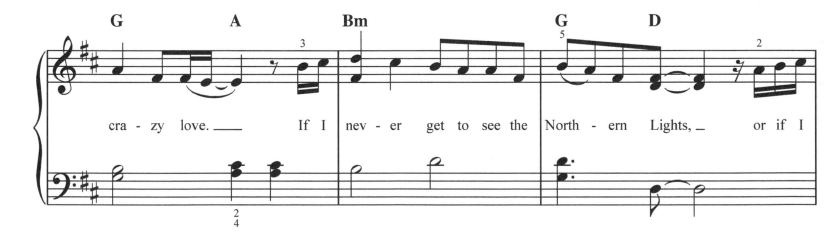

hand in my hand, __ ba - by, I could die __ a hap - py man, __

a hap-py man, ba - by.

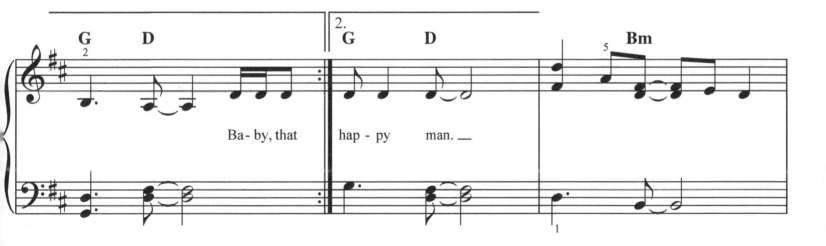

Ba - by, that hap - py man. __

I don't

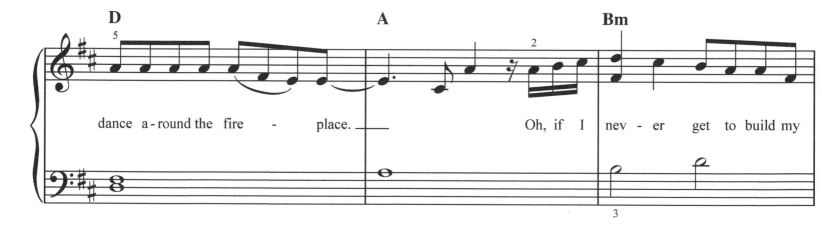

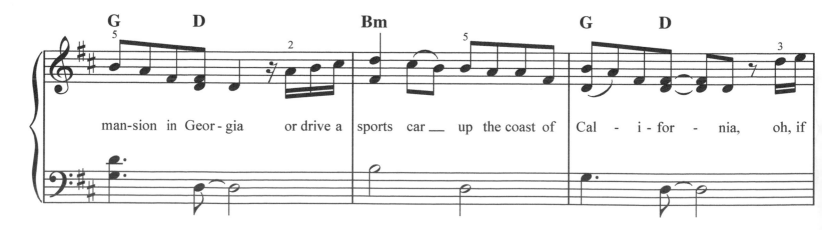

all ___ I got ___ is your hand in my hand, _ ba - by, I could die ___ a

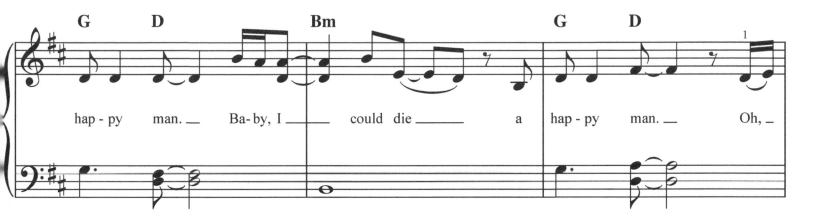

hap - py man. _ Ba - by, I ___ could die ___ a hap - py man. _ Oh, _

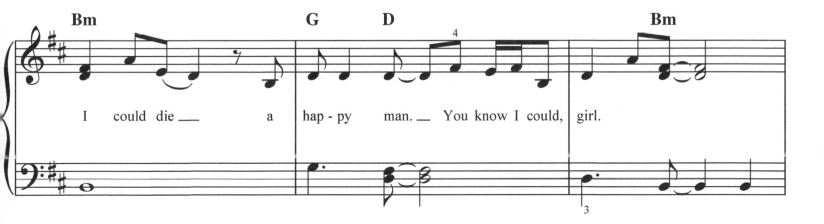

I could die ___ a hap - py man. _ You know I could, girl.

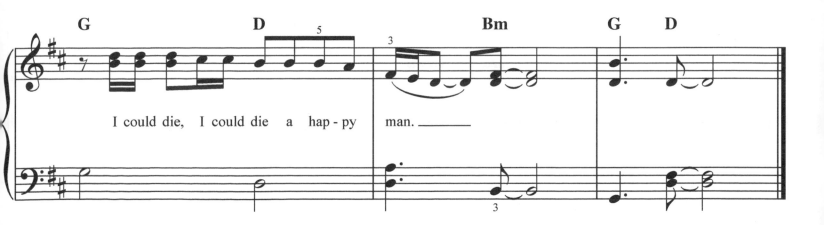

I could die, I could die a hap - py man. ___

CRUISE

Words and Music by CHASE RICE,
TYLER HUBBARD, BRIAN KELLEY,
JOEY MOI and JESSE RICE

Moderately

Ba - by, you a song, you make me wan - na roll my win - dows down and

cruise. ___

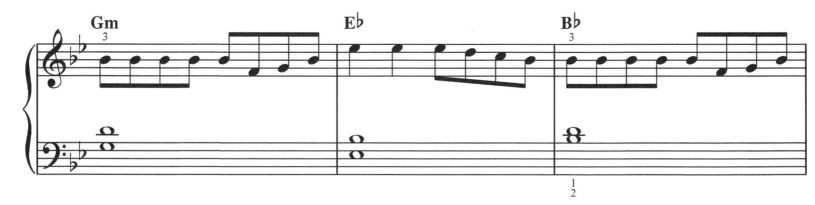

Yeah, when

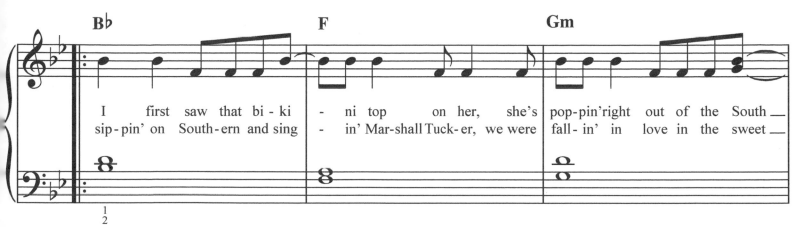

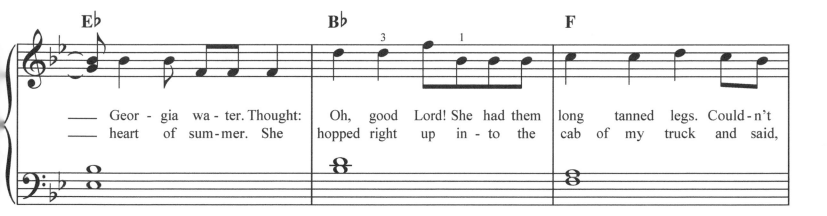

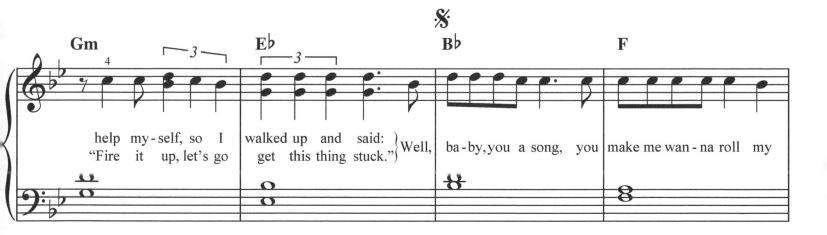

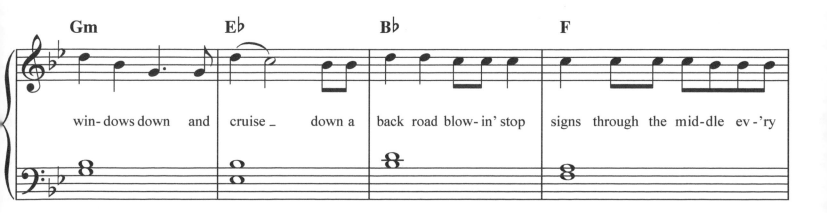

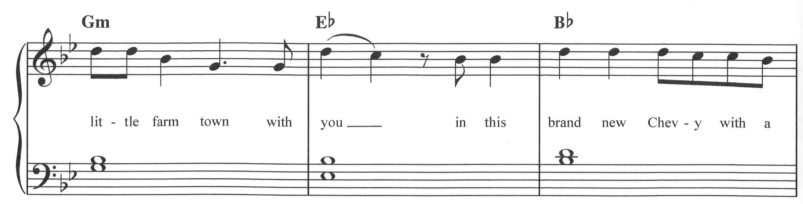

lit - tle farm town with you _____ in this brand new Chev - y with a

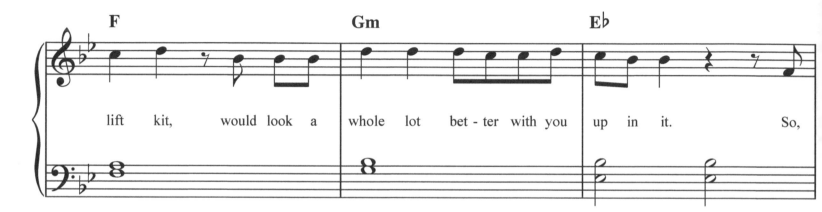

lift kit, would look a whole lot bet - ter with you up in it. So,

ba - by, you a song, you make me wan-na roll my win - dows down and cruise. _____

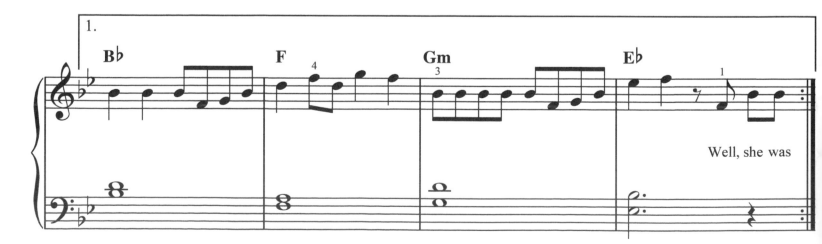

Well, she was

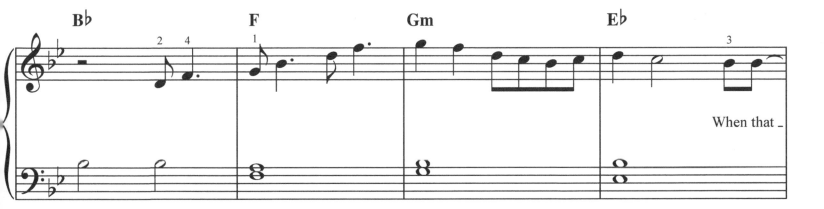

When that

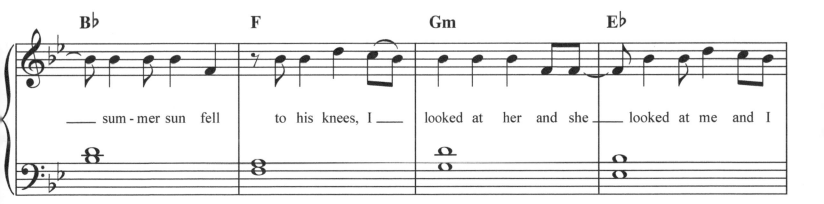

___ sum - mer sun fell   to his knees, I ___ looked at her and she ___ looked at me and I

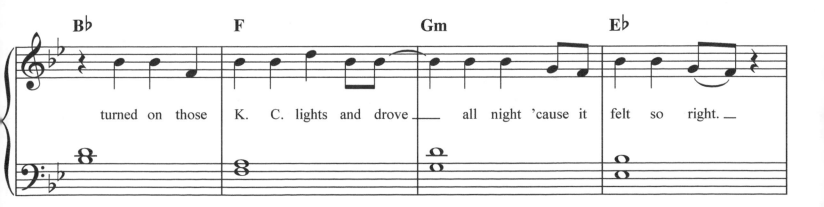

turned on those   K. C. lights and drove ___ all night 'cause it   felt so right. ___

Her and I, man, we felt __ so right. __ I put it in park and grabbed __

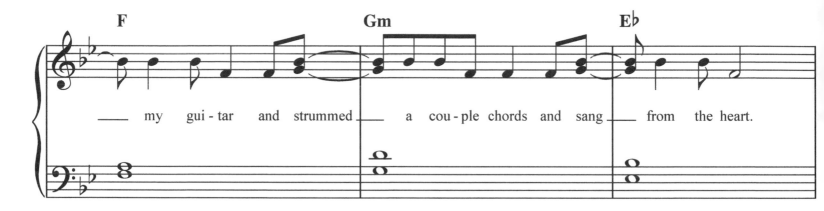

__ my gui-tar and strummed __ a cou-ple chords and sang __ from the heart.

Girl, you sure __ got the beat in my chest bump-in'. Hell, I can't get you out-ta my head.

Ba-by, you a song, you make me wan-na roll my win-dows down and cruise __ down a

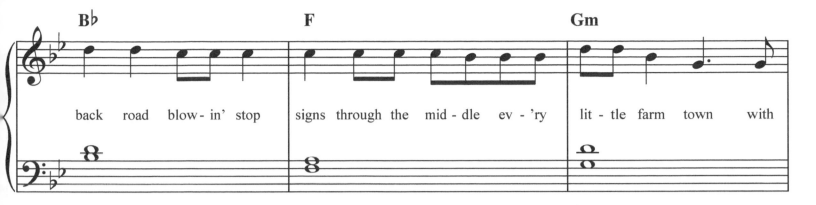

back road blow-in' stop | signs through the mid-dle ev-'ry | lit-tle farm town with

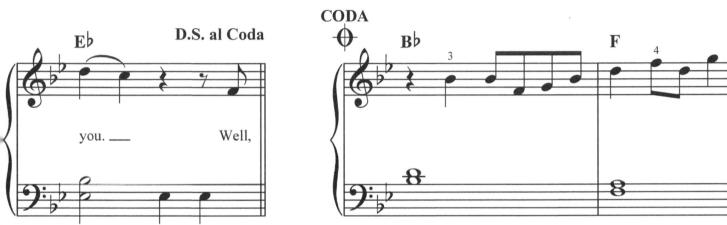

you. ___   Well, | |

Get those | win-dows down ___ and cruise. ___ |

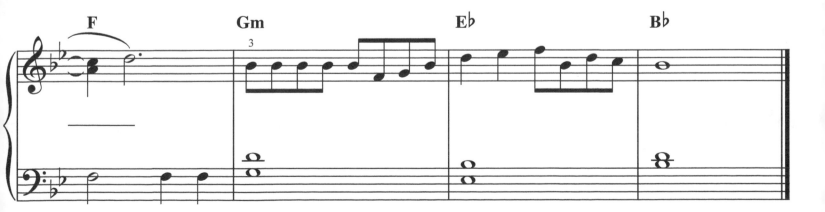

GIRL CRUSH

Words and Music by LORI McKENNA,
HILLARY LEE LINDSEY and LIZ ROSE

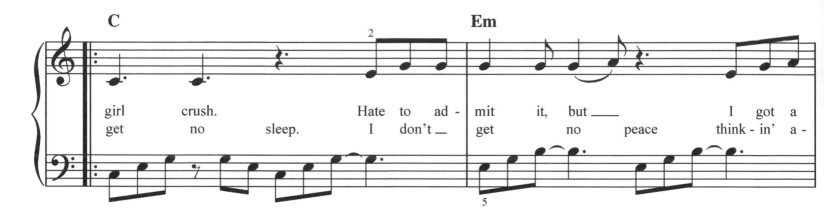

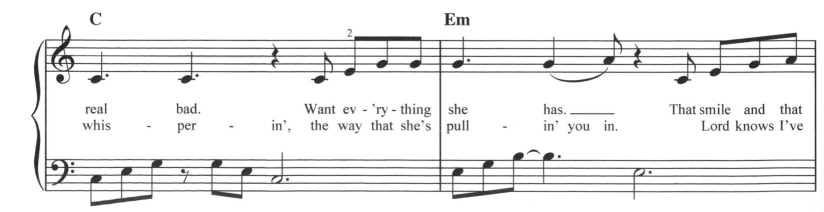

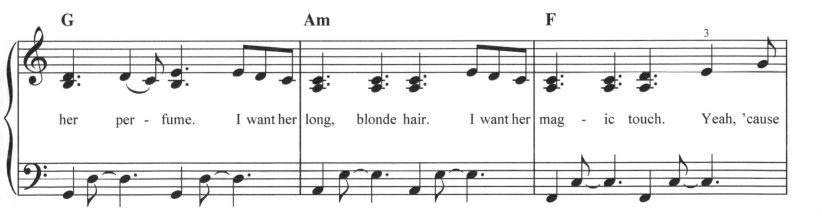

girl ___ crush.   I got a   girl ___ crush.

I don't   girl ___ crush.

I   got a   girl   crush.   Hate to ad -

mit   it, but ___   I got a   heart   rush. ___   It ain't slow-in'   down. ___

HUMBLE AND KIND

Words and Music by
LORI McKENNA

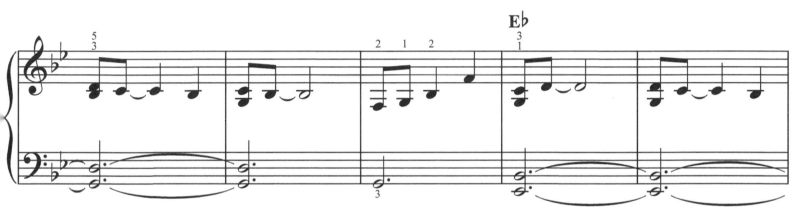

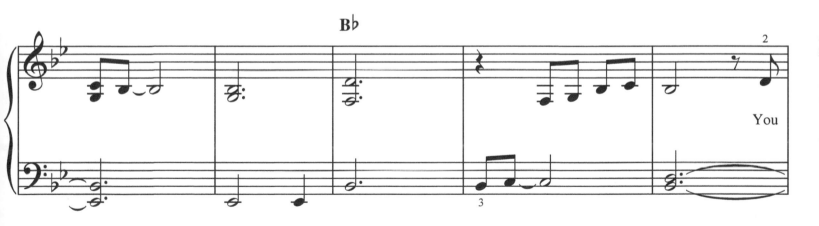

know there's a light _____ pect that a glows by the front _____ door.
free ride from no _____ one.

You

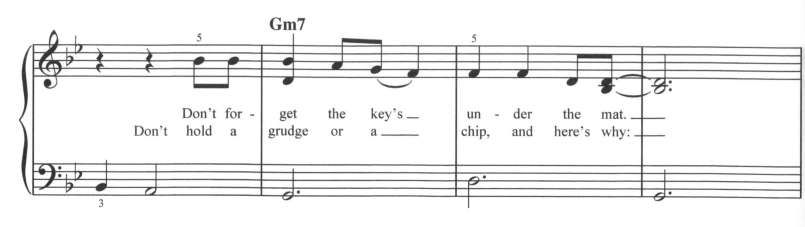

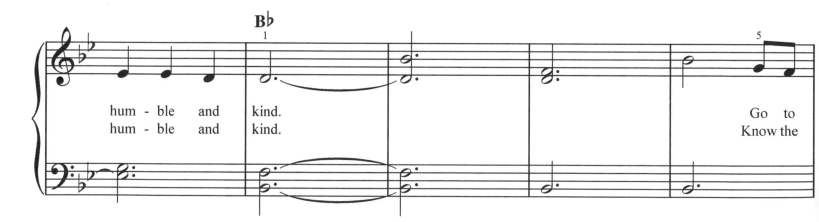

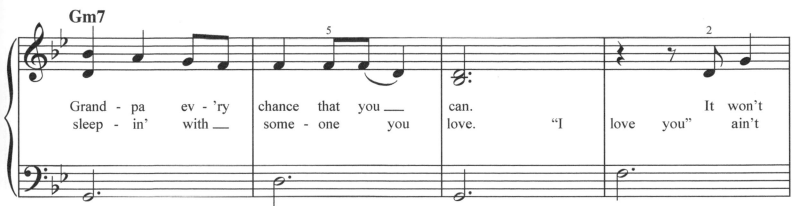

Grand - pa ev - 'ry chance that you ___ can. It won't
sleep - in' with ___ some - one you love. "I love you" ain't

be wast - ed time. ___ Al - ways stay hum - ble and
no pick - up ___ line, so al - ways stay hum - ble and

kind. _____
kind. _____ Hold the

door, say please, say thank you. Don't steal, ___ don't

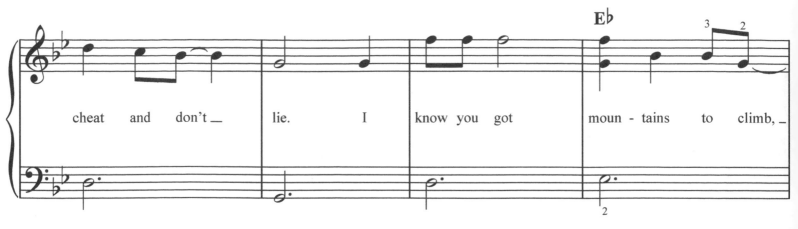

cheat and don't __ lie. I know you got moun - tains to climb, __

__ but al - ways stay hum - ble and kind. ____

When the dreams ____ you're dream - in' come to you,

when the work you put ___ in is real - ized, let your-

self feel the pride, _____ but al - ways stay hum - ble and kind. _____

Don't ex - kind. _____

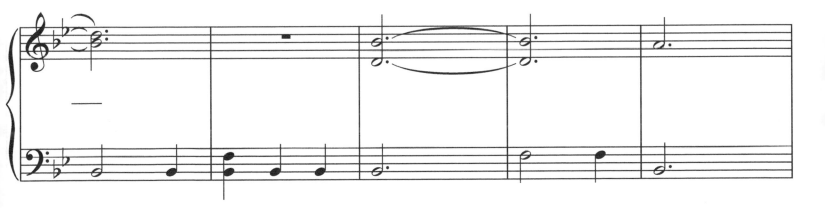

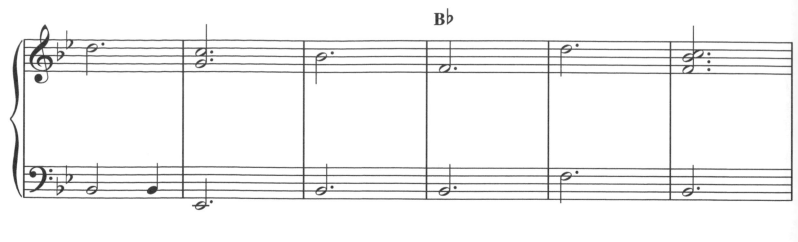

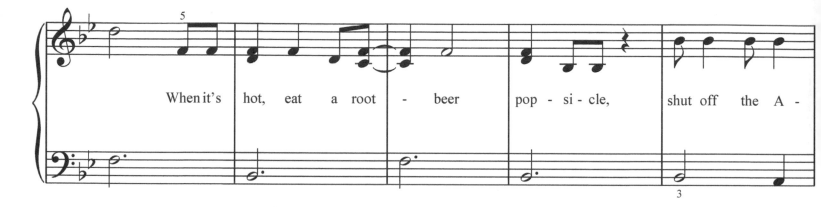

When it's hot, eat a root - beer pop - si - cle, shut off the A -

C and roll _ the win - dows _ down. Let that sum - mer sun

shine. Al - ways stay hum - ble and kind.

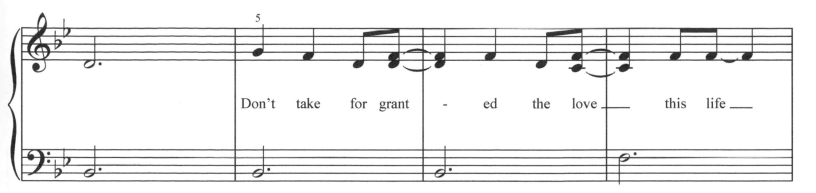

Don't take for grant - ed the love ___ this life ___

Gm

gives you. When you get where you're go - in', don't for - get, turn back a -

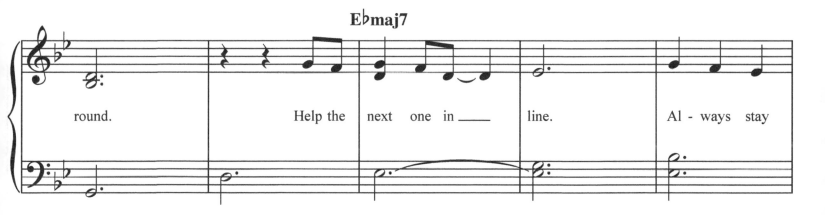

Ebmaj7

round. Help the next one in ___ line. Al - ways stay

Bb **Eb/Bb** **Bb**

hum - ble and kind. ___

H.O.L.Y.

Words and Music by busbee,
NATE CYPHERT and WILLIAM WIIK LARSEN

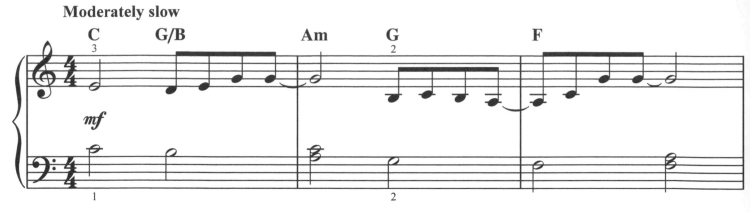

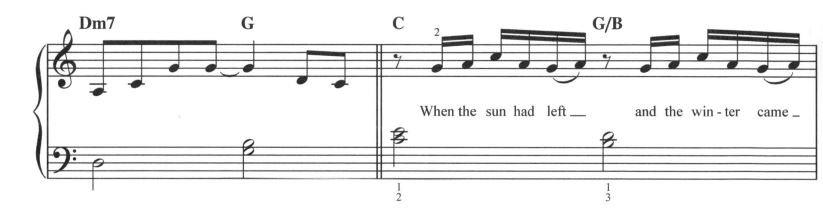

When the sun had left __ and the win-ter came __

and the sky - fall __ could on - ly bring the rain, __ I sat in dark - ness,

all bro-ken-heart - ed. I could-n't find a day __ I did-n't feel a - lone.

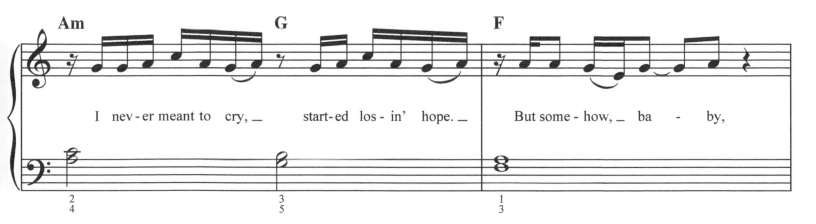

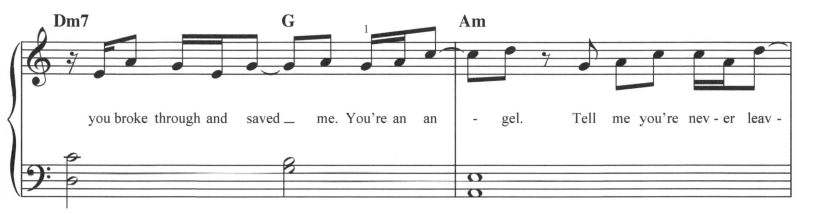

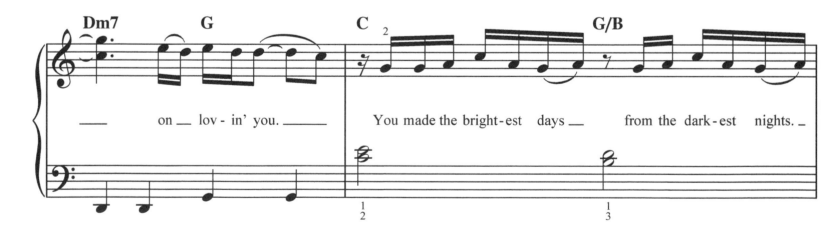

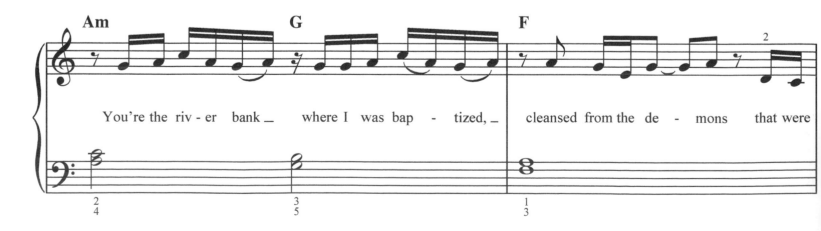

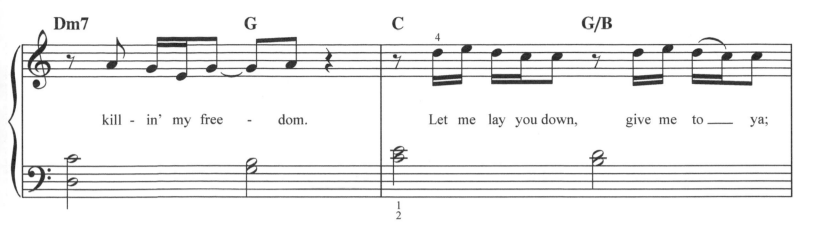

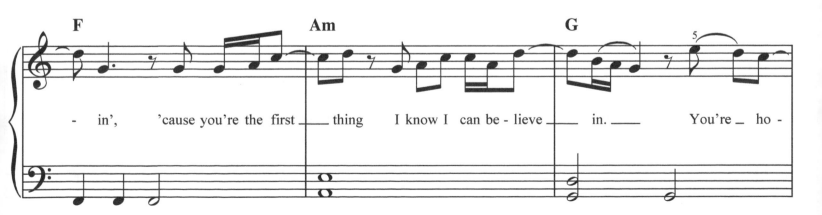

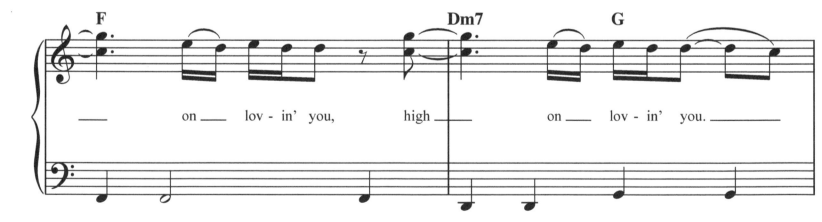

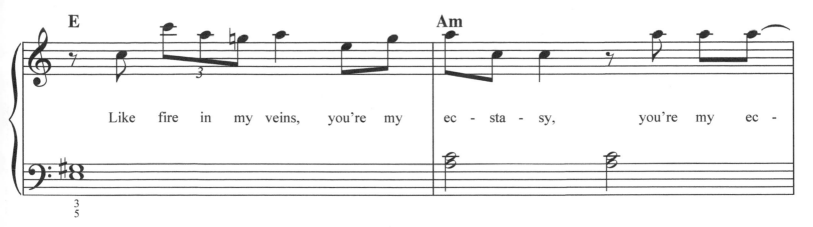

Like fire in my veins, you're my ec - sta - sy, you're my ec -

- sta - sy. You're __ ho -

on __ lov - in' you, high __

__ on lov - in' you. _____ You're the heal - in' hands _ where it used to hurt. _

You're my sav - in' grace, _ you're my kind of church. __ You're _ ho - ly. _

HUNTIN', FISHIN' AND LOVIN' EVERY DAY

Words and Music by LUKE BRYAN,
RHETT AKINS, DALLAS DAVIDSON
and BEN HAYSLIP

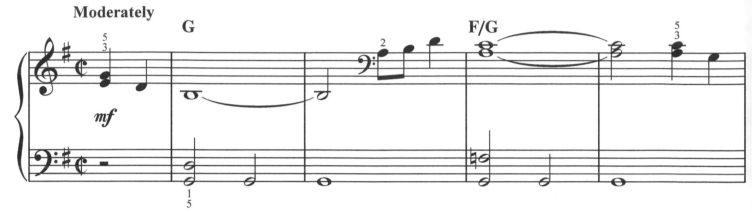

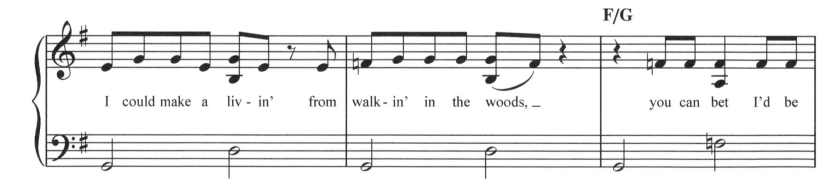

I could make a liv-in' from walk-in' in the woods, _____ you can bet I'd be

sit-tin' pret-ty good, _____ high on a hill, look-in' at a field _____ down-

Thank God He made me this way, hunt - in', an' fish - in' and

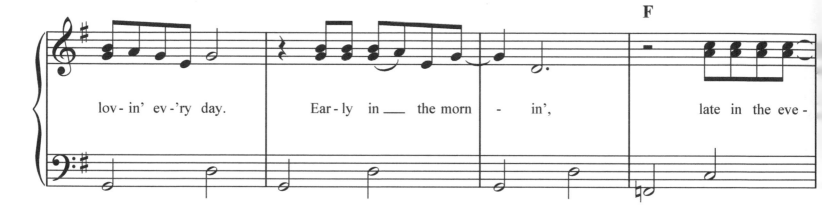

lov - in' ev -'ry day. Ear - ly in the morn - in', late in the eve -

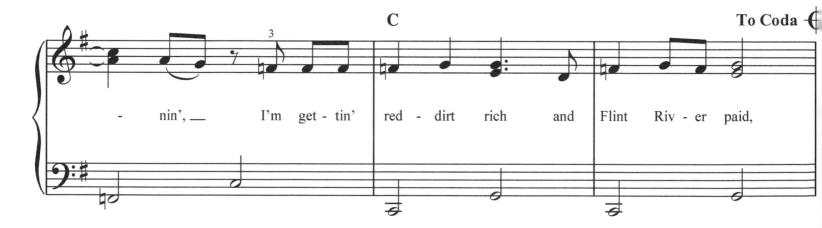

- nin', I'm get - tin' red - dirt rich and Flint Riv - er paid,

hunt - in', fish - in' and lov - in' ev -'ry day.

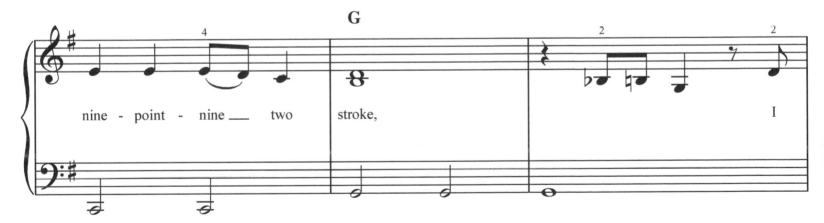

climbs in a tree, __ tuck - in' her hair __ in my hat __ and she's read - y to go. __

— And we get to

hunt - in', an' fish - in' and

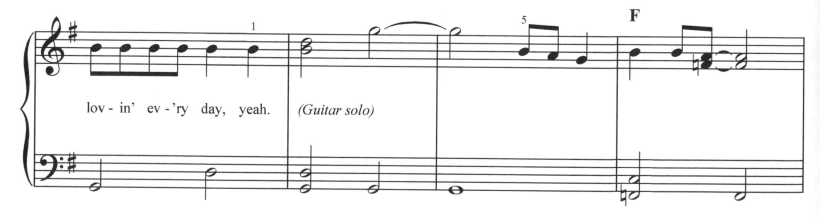

lov - in' ev -'ry day, yeah. *(Guitar solo)*

breathin' in that old dirty air,

I'll be down here

knee deep | *in the Muckalee.*

F/A

(Solo ends)

(Spoken:) So while y'all | *are up there,*

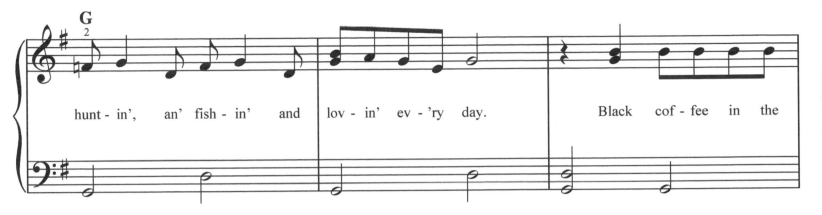

hunt - in', an' fish - in' and lov - in' ev - 'ry day. Black cof - fee in the

morn - in', _____ dark whis - key in the eve - nin', _____ I get

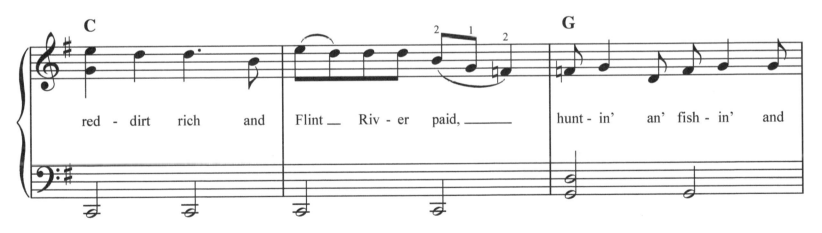

red - dirt rich and Flint _ Riv - er paid, _____ hunt - in' an' fish - in' and

lov - in' ev - 'ry day. _____

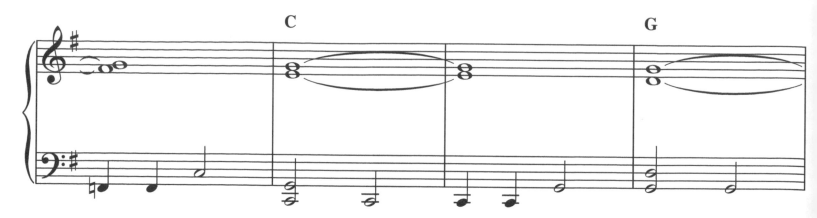

Won't you come a - long with me? _____ Won't you

come a - long with me? _____ I know you wan - na see _____

hunt - in' an' fish - in' and lov - in' ev - 'ry day, yeah. _____

SOMETHING IN THE WATER

Words and Music by CHRIS DESTEFANO,
CARRIE UNDERWOOD and BRETT JAMES

With conviction

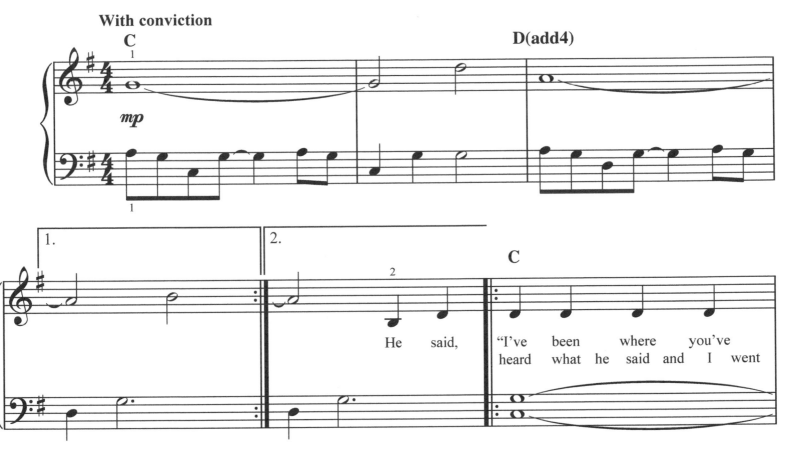

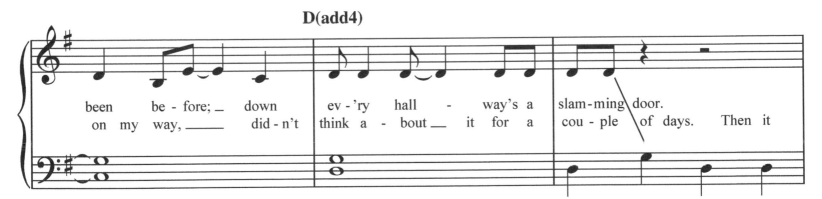

been be-fore;__ down ev-'ry hall - way's a slam-ming door.
on my way,_____ did-n't think a-bout__ it for a cou-ple of days. Then it

No way out, no one to come and save me; wast-ing a life __ that the Good __
hit me like light-ning late one __ night. I was all out of hope __ and __ all ___

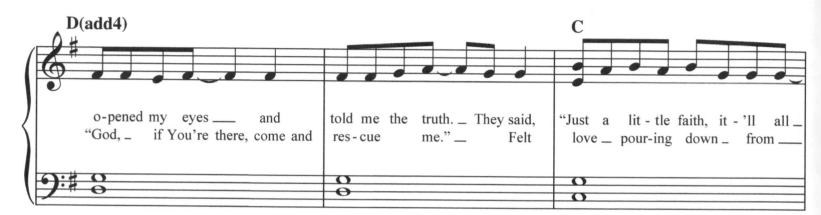

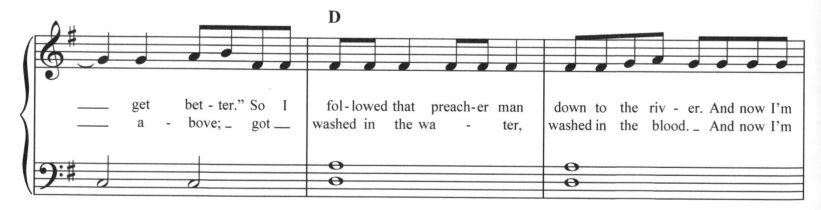

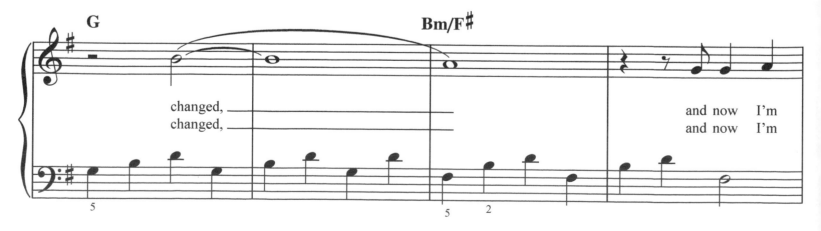

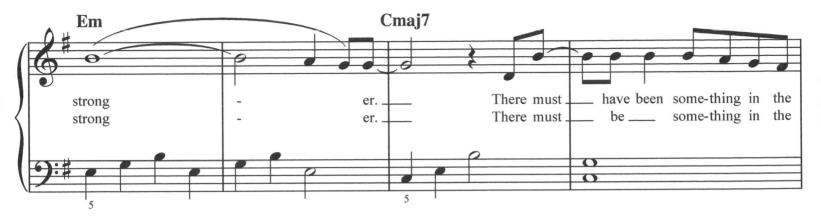

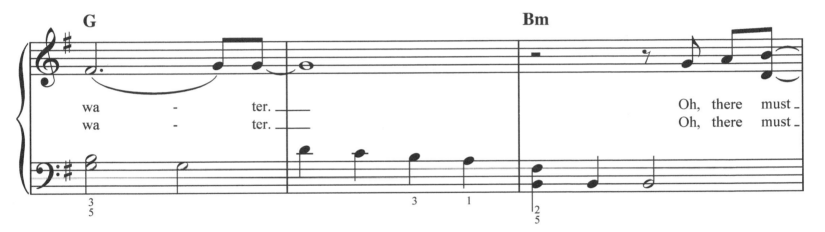

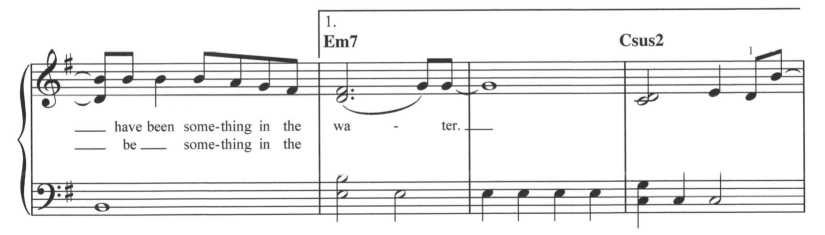

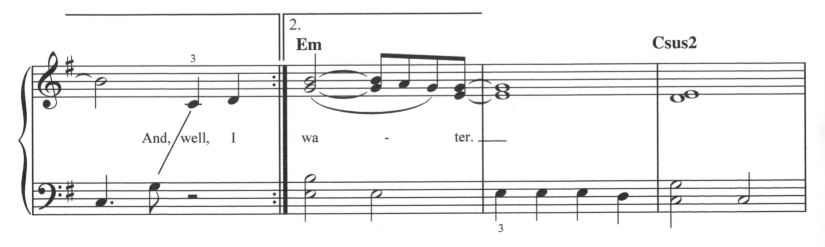

And now I'm sing - ing a - long __ to "A - maz - ing Grace;" can't

no - bod - y wipe __ this smile off my face. Got joy in my heart, __ an -

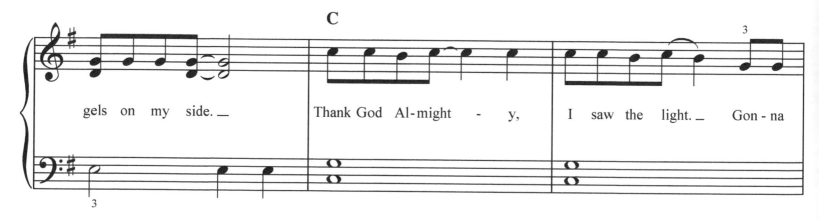

gels on my side. __ Thank God Al-might - y, I saw the light. __ Gon - na

look a - head, __ no turn - ing back. Live ev - 'ry day, __ give it all __

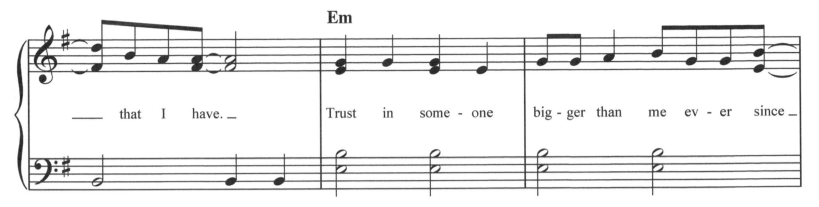

that I have. Trust in some-one big-ger than me ev-er since

the day that I be-lieved. I am changed,

and now I'm strong - er.

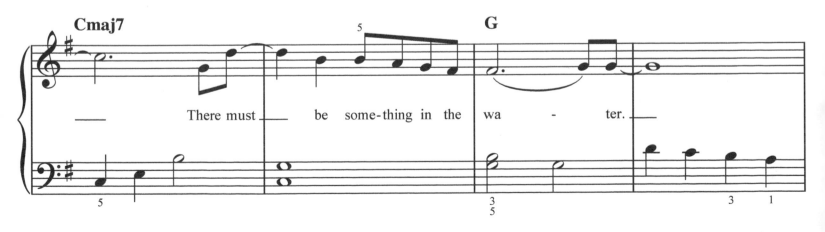

There must be some-thing in the wa - ter.

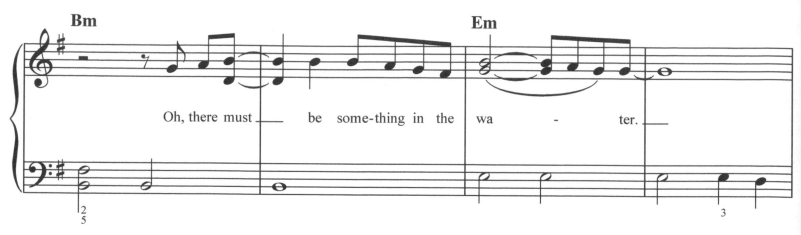

Oh, there must ____ be some-thing in the wa ____ ter. ____

Oh, there must ____ be some-thing in the wa ____ ter. ____

____ Oh, there must ____ be some-thing in the

wa ____ ter. ____ Oh yeah, I ____

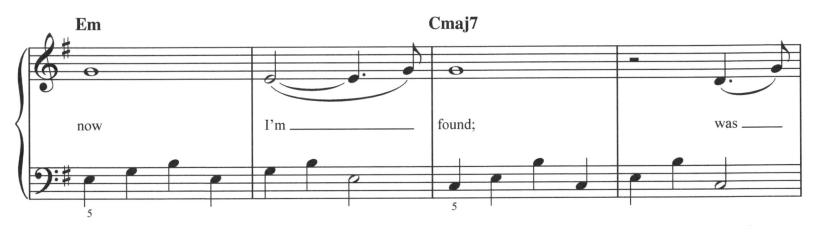

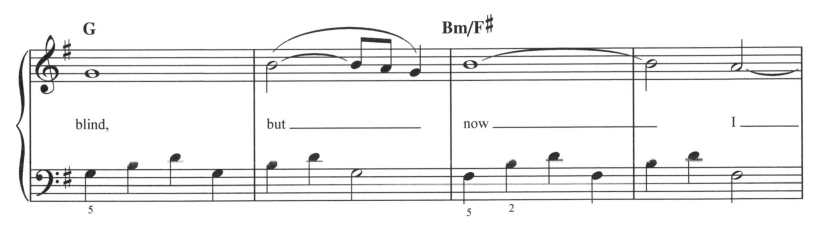

NOBODY TO BLAME

Words and Music by CHRIS STAPLETON, RONNIE BOWMAN and BARRY BALES

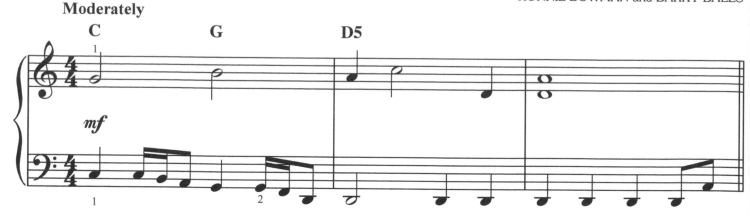

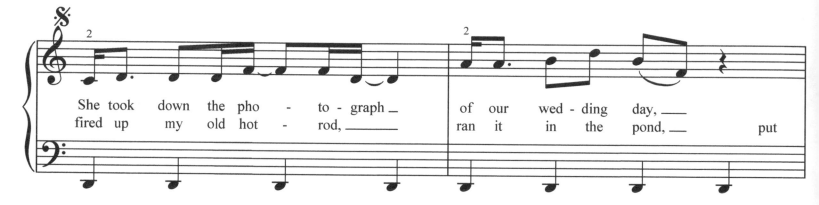

She took down the pho - to - graph _ of our wed - ding day, _
fired up my old hot - rod, _ ran it in the pond, _ put

ripped it down the mid - dle _ and threw _ my half a - way. _ And I _ got
su - gar in my John Deere; _ I can't e - ven mow my lawn. _ And I _ got

no - bod - y to blame _ but me. I got
no - bod - y to blame _ but me. I got

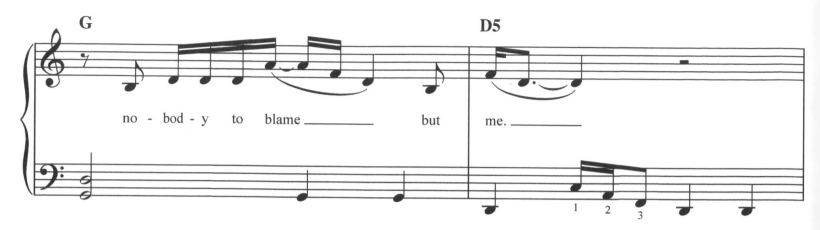

G   **D5**

no - bod - y to blame _____ but me. _____

I know right where ___ I went wrong. ___

G7   **D**   **D5**

I know just what ___ got her gone. ___ Turned my ___ life in - to this

G

coun - try ___ song, and I got ___ no - bod - y to blame _____ but me. ___

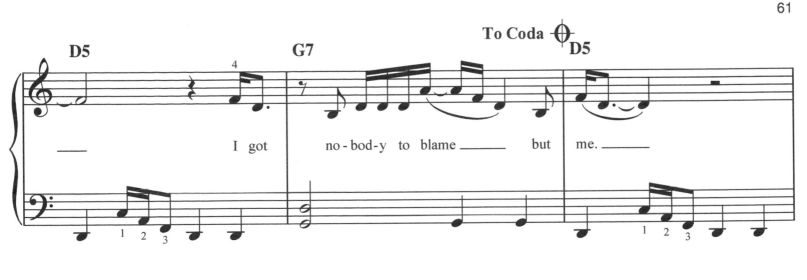

I got no-bod-y to blame _____ but me. _____

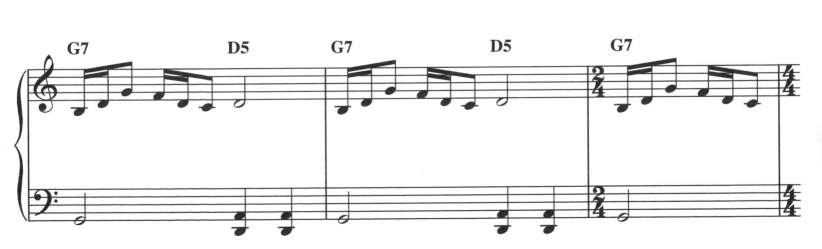

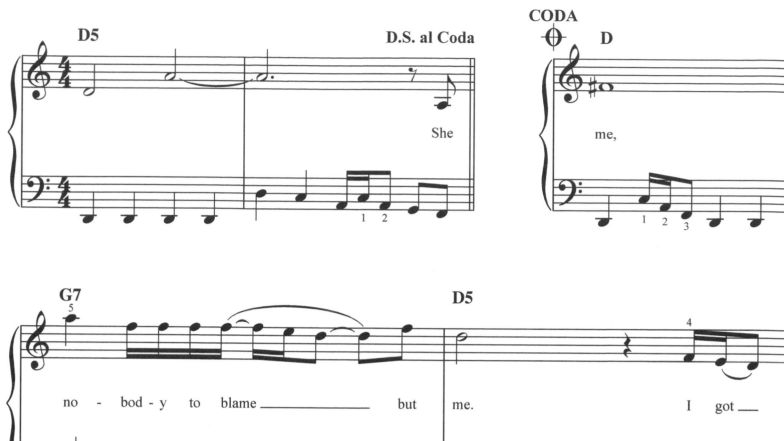

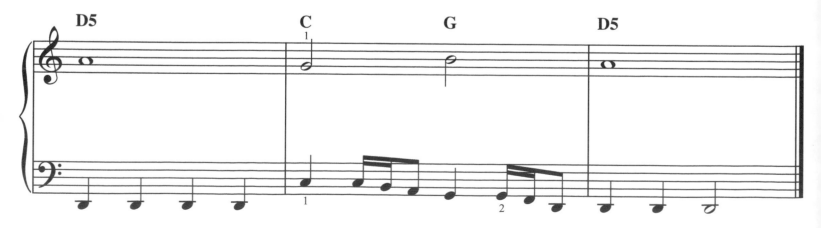

SOMEWHERE ON A BEACH

Words and Music by ALEXANDER PALMER,
MICHAEL TYLER, JARON BOYER,
DAVE KUNCIO and JOSH MIRENDA

Moderately slow

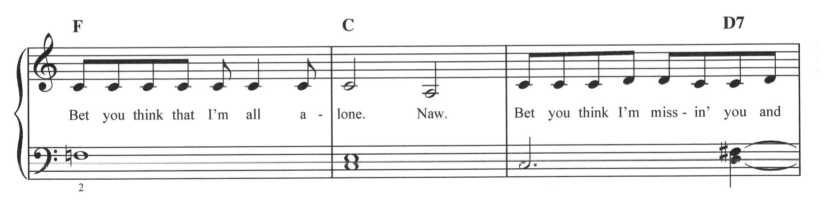

Bet you think I'm sit-tin' at home. Naw.

Bet you think that I'm all a-lone. Naw. Bet you think I'm miss-in' you and

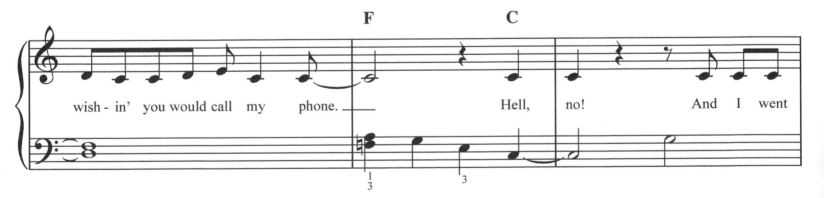

wish-in' you would call my phone. Hell, no! And I went

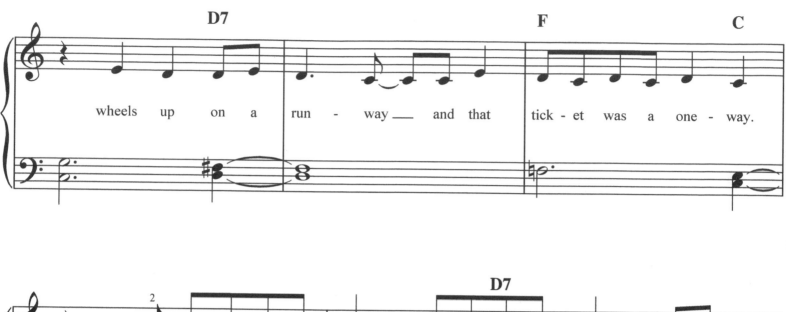

wheels up on a run - way __ and that tick - et was a one - way.

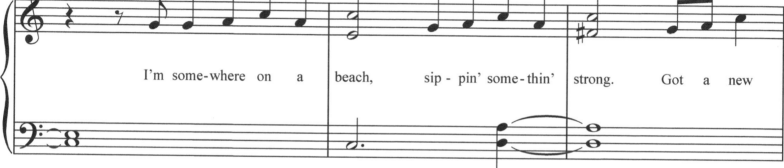

I'm some-where on a beach, sip - pin' some - thin' strong. Got a new

girl, she got it go - in' on. We drink all day and par - ty all __

night. I'm way too gone to have you on my mind. She got a

bod - y, and she's naugh - ty, ___ and she got me like you ___ ain't nev - er

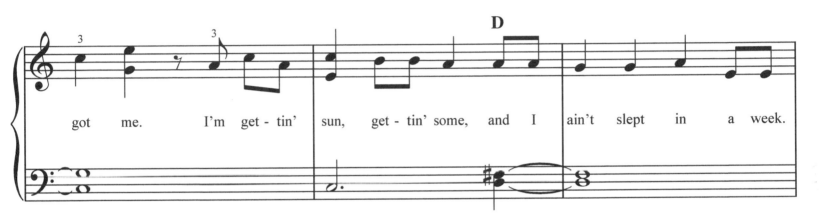

got me. I'm get - tin' sun, get - tin' some, and I ain't slept in a week.

Yeah, I'm some - where on a beach.

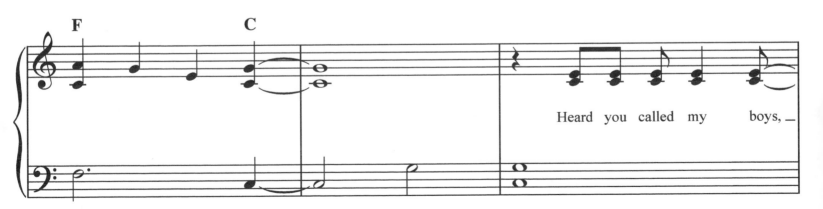

Heard you called my boys, ___

67

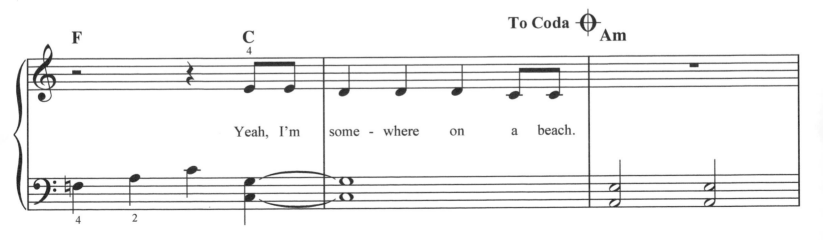

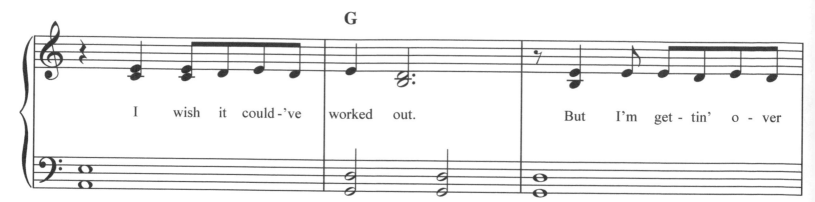

I wish it could-'ve worked out. But I'm get-tin' o - ver

you now on a beach towel, my shades on, my drink's up and the sun's out.

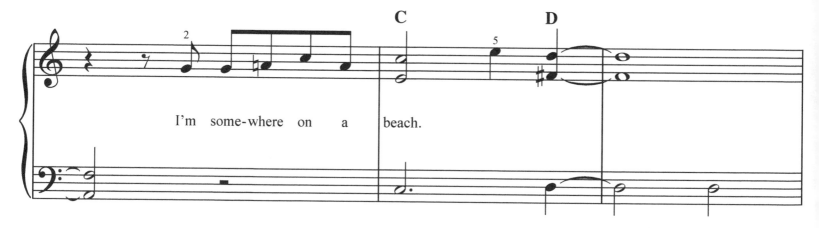

I'm some-where on a beach.

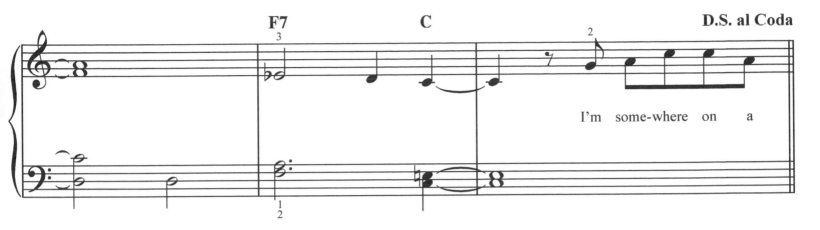

F7 **C** **D.S. al Coda**

I'm some-where on a

CODA **D7** **F** **C**

Yeah, I'm some-where on a beach.

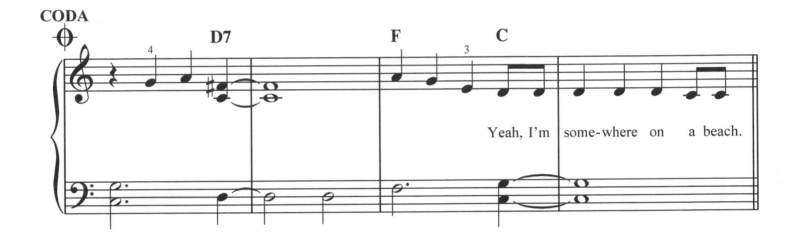

D7 **F** **C**

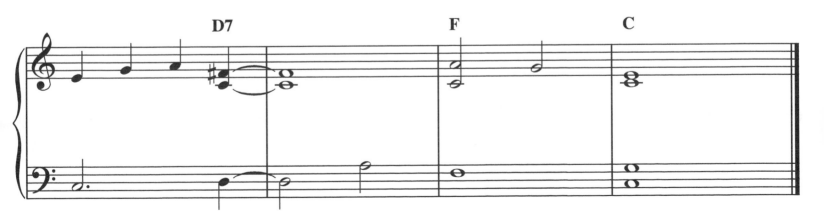

D7 **F** **C**

TAKE YOUR TIME

Words and Music by SAM HUNT,
SHANE McANALLY and JOSH OSBORNE

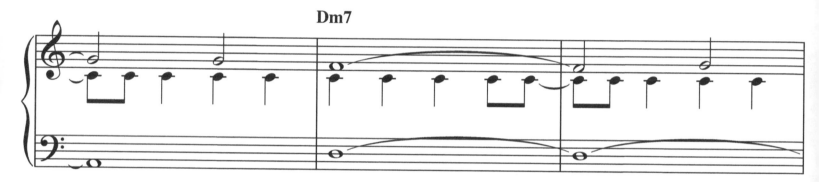

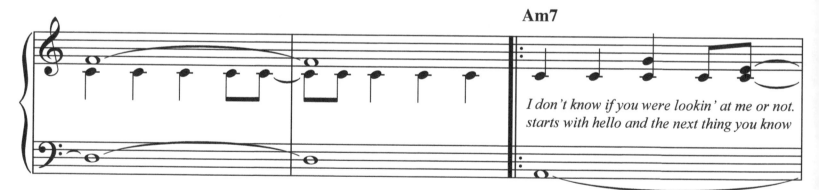

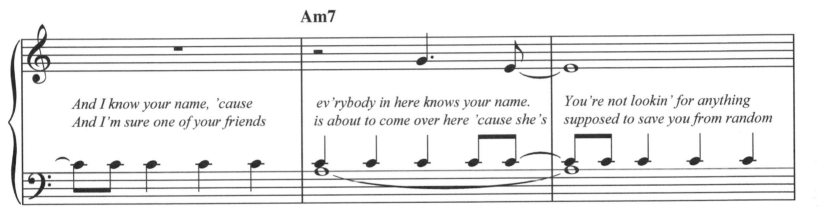

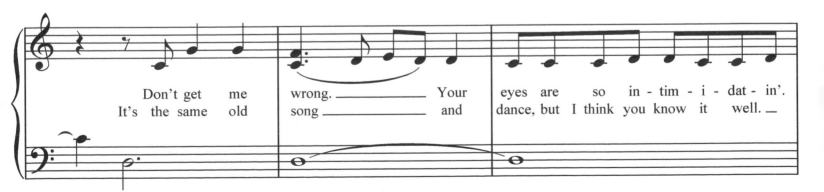

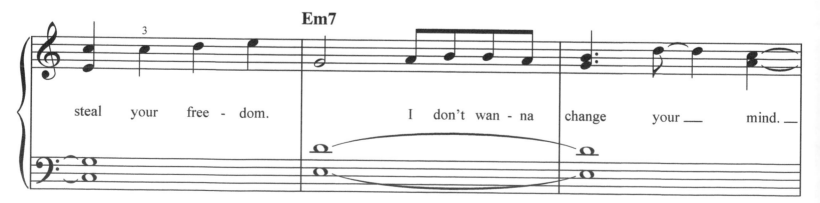

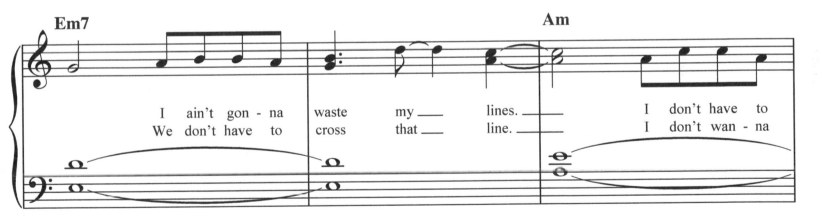

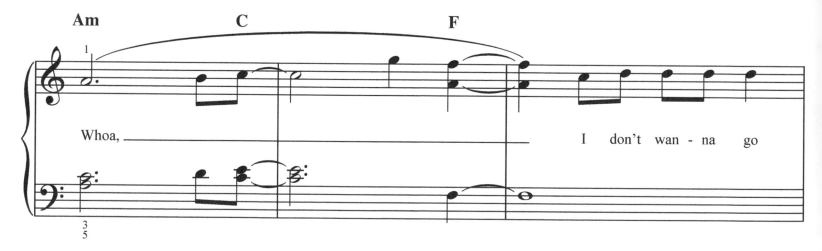

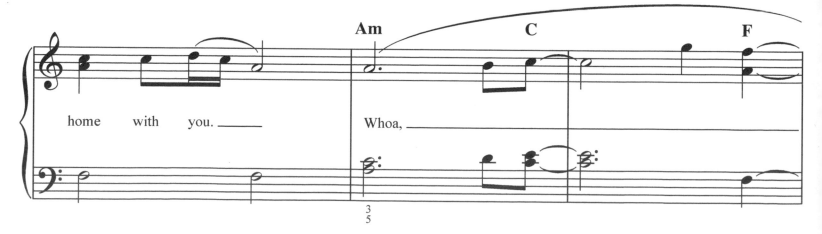

I just wan-na be a-lone with you. ___ I don't wan-na

steal your free-dom. I don't wan-na change your ___ mind. ___

I don't have to make you love me. ___ I just wan-na

take your ___ time. I don't wan-na blow your phone up.

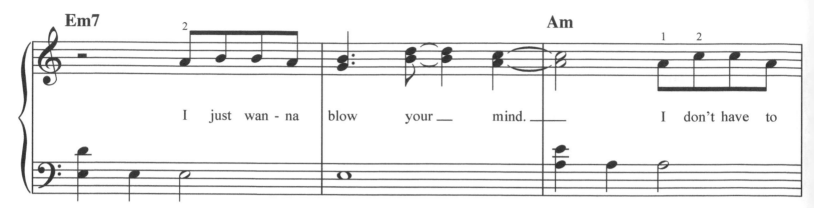

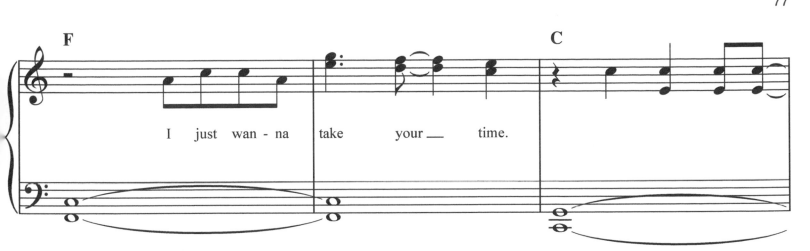

I just wan - na take your ___ time.

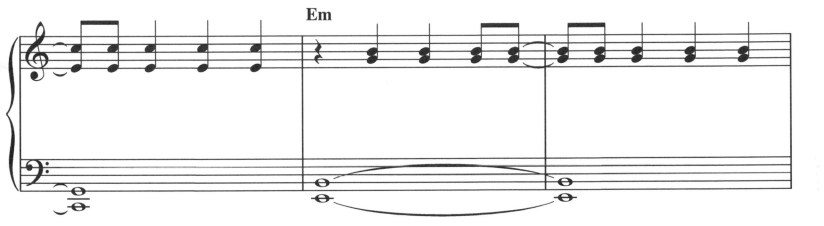

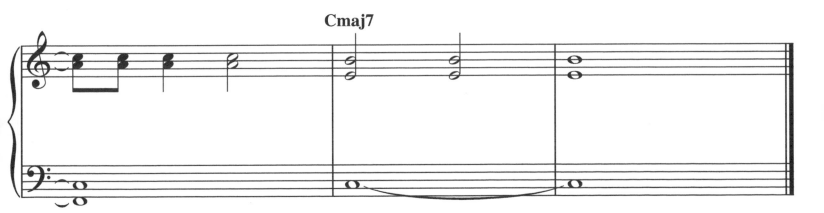

(Smooth As)
TENNESSEE WHISKEY

Words and Music by DEAN DILLON
and LINDA HARGROVE

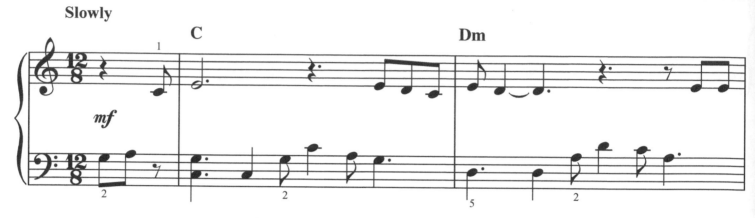

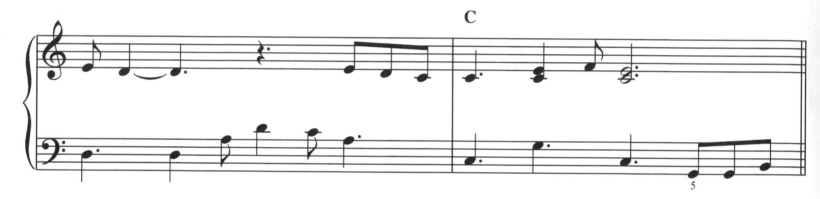

Used to spend my nights _ out in bar - rooms.

Liq-uor was the on - ly love _ I'd known.

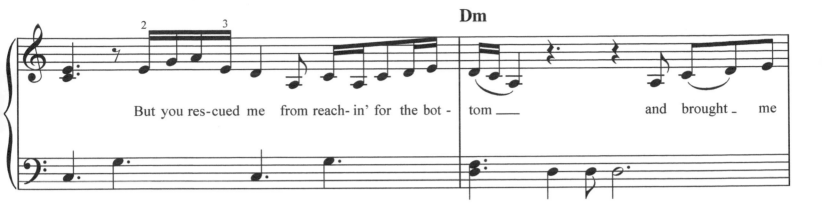

But you res-cued me from reach-in' for the bot - tom ___ and brought _ me

back ___ from be - in' too far gone. ___ You're _ as

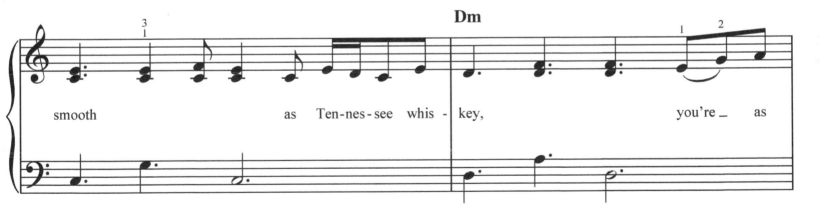

smooth as Ten-nes-see whis - key, you're _ as

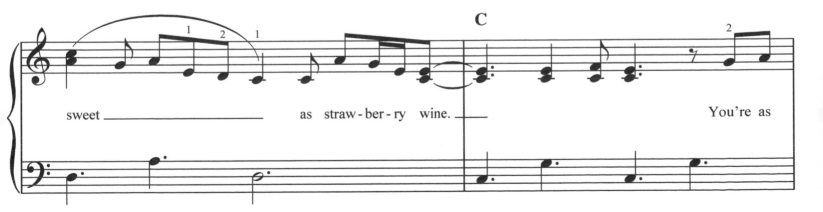

sweet ___ as straw-ber-ry wine. ___ You're as

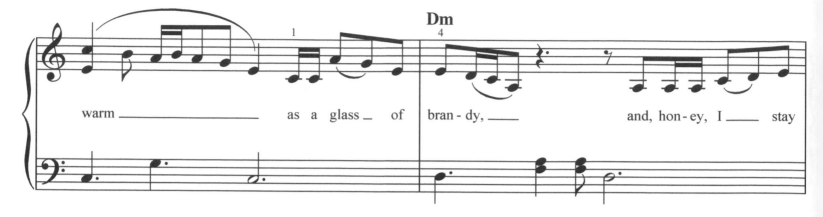

warm _____ as a glass _ of bran - dy, _____ and, hon - ey, I _____ stay

stoned _____ on your love _____ all the time.

I've looked for love _____ in all the same old plac - es.

Found the bot-tom of a bot-tle's al - ways dry. _____

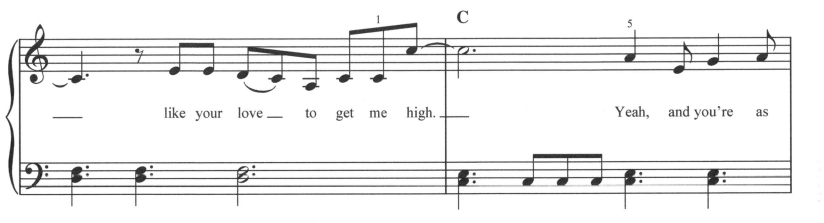

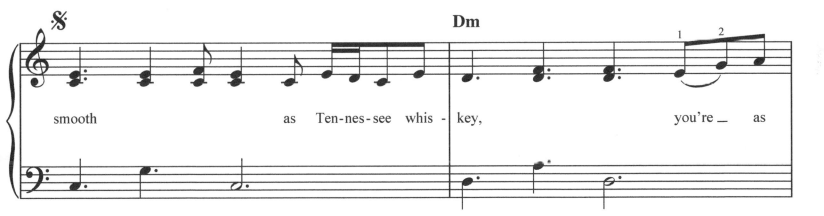

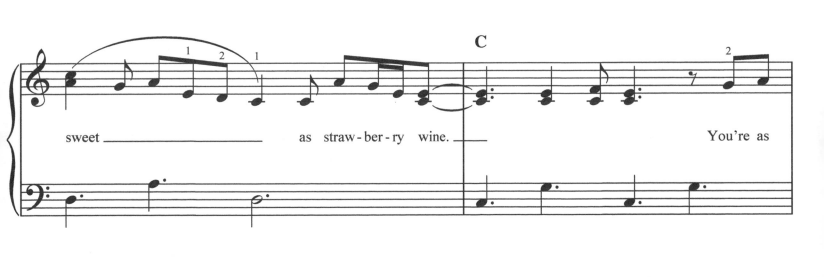

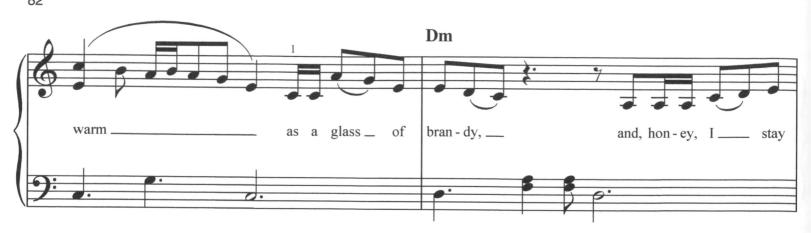

warm _____ as a glass __ of bran - dy, ___ and, hon - ey, I ___ stay

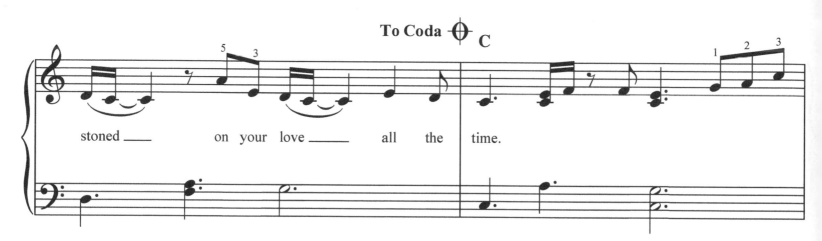

stoned ___ on your love ____ all the time.

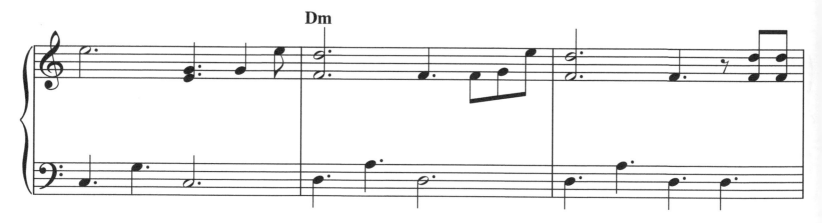

D.S. al Coda

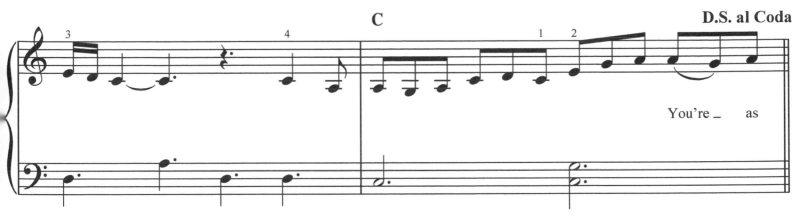

You're _ as

CODA

time. You're _ as smooth as Ten-nes-see whis-

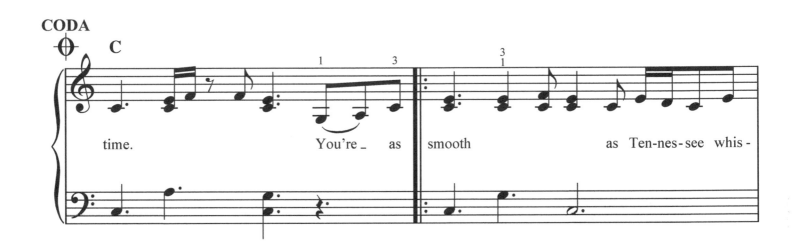

key, Ten-nes-see whis - key, Ten-nes-see whis -

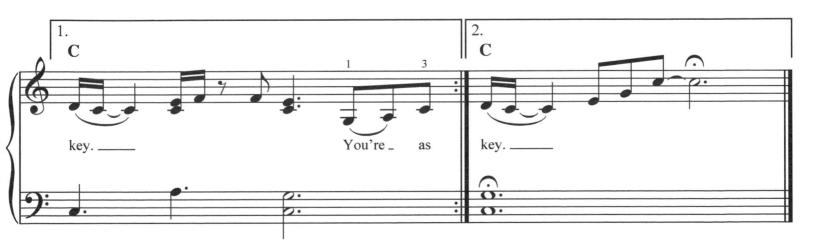

key. _____ You're _ as key. _____

YOU SHOULD BE HERE

Words and Music by COLE SWINDELL
and ASHLEY GORLEY

Moderate Country Ballad

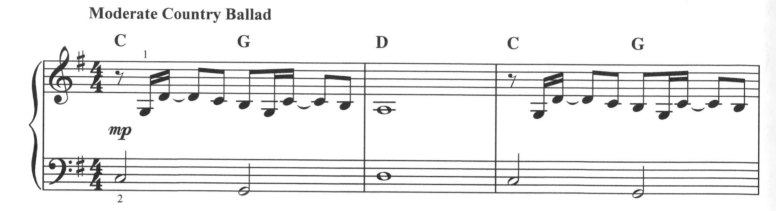

It's per - fect out - side,_ it's like God _ let me dial _ up the weath-

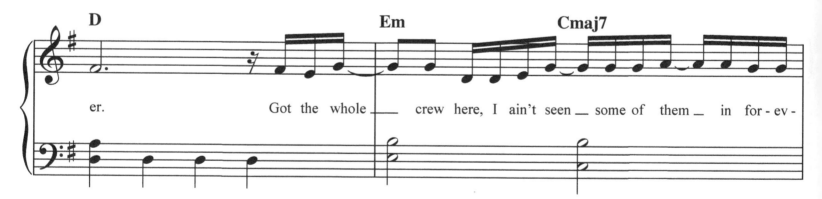

er. Got the whole _ crew here, I ain't seen _ some of them _ in for - ev-

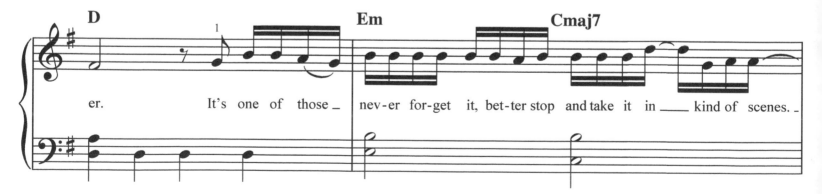

er. It's one of those _ nev-er for-get it, bet-ter stop and take it in _ kind of scenes. _

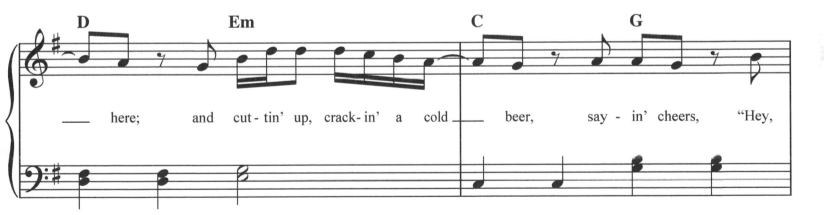

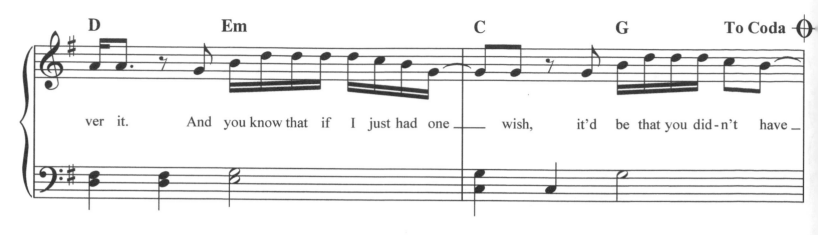

ver it.   And you know that if I just had one ___ wish,   it'd be that you did-n't have ___

___ to miss this.   You should be ___ here. ___   You'd be tak-

- in' way too ___ man - y pic - tures on your phone, ___   show- in' 'em

off to ev - 'ry-bod - y that you know ___ back ___ home,   and e - ven some you don't, ___ yeah.

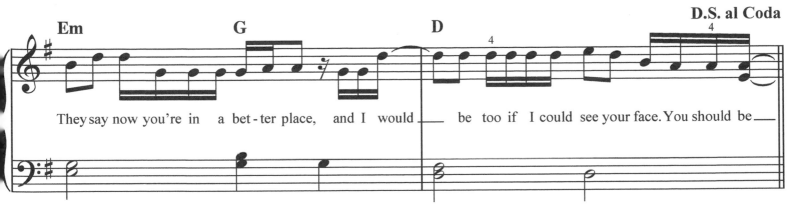

They say now you're in a bet-ter place, and I would __ be too if I could see your face. You should be __

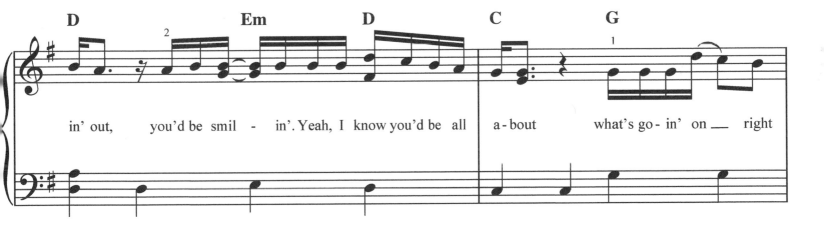

__ to miss this. You should be __ here. You'd be lov-in' this, you'd be freak-

in' out, you'd be smil - in'. Yeah, I know you'd be all a-bout what's go- in' on __ right

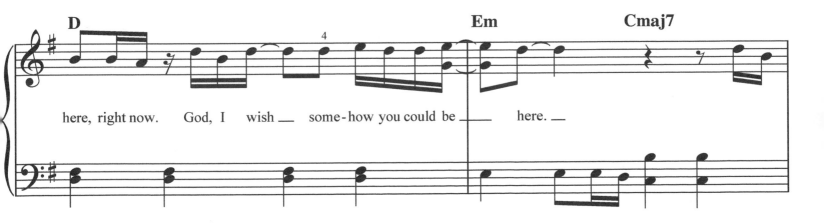

here, right now. God, I wish __ some-how you could be __ here. __

Oh, ___ you should be ___ here. Yeah, _ this is one of those

mo-ments that's got your name writ-ten all o - ver it. And you know that if I just had one _

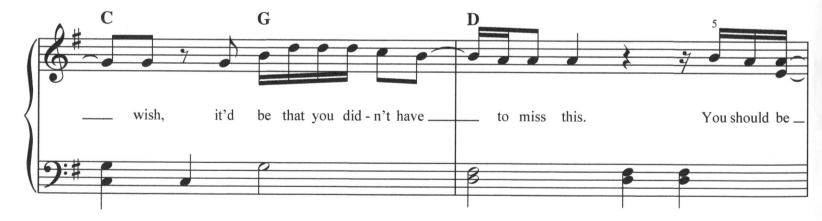

___ wish, it'd be that you did - n't have ___ to miss this. You should be _

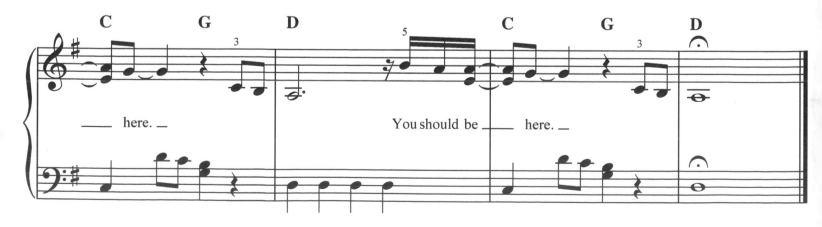

here. _ You should be ___ here. _